居禮夫人的世界足跡地圖

下列地圖記載了與居禮夫人相關的歐洲地區和事件。

1891年 進入巴黎大學就讀。
1895年 和皮埃爾．居禮結婚。
1897年 大女兒伊雷娜出生。
1898年 發現「釙」和「鐳」。
1903年 獲得諾貝爾物理學獎。
1904年 小女兒艾芙出生。
1906年 皮埃爾意外身亡。
1908年 成爲巴黎大學的教授。
1914年 駕駛附設X光機的車輛四處巡迴戰地，救了很多士兵。
巴黎
法國
1934年 因白血病病逝於桑塞羅謀(Sancellenmoz)療養所。
帕西
(Passy)
1895年 蜜月旅行期間騎自行車環遊法國。

漫畫：小林可多入（Kobayashi Kaoru）

於角川書店月刊ASUKA連載《China Girl》，成為暢銷作品。代表作《貴婦刑警》、《太太是漫畫家》（Aoba Comics）、《看漫畫學歌劇——蝴蝶夫人》、《看漫畫學歌劇——阿依達》（YAMAHA MUSIC MEDIA）等。

監修：杤山修（Tochiyama Osamu）

前東北大學多元物質研究所教授。專門領域為原子反應器工學。現任公益財團法人，原子力安全研究協會處分系統安全研究所所長。

漫畫版
世界偉人傳記
④
居禮夫人

漫畫：小林可多入　監修：杤山修

居禮夫人

漫畫版
世界偉人傳記④

目錄

增長見聞的學習教室

※本作品為參考歷史文獻改編而成的漫畫。

登場人物介紹

瑪麗·居禮(Maria Curie)

在法國巴黎大學學習物理，成為一名科學家。因為發現「鐳」和「釙」，成為第一位獲頒諾貝爾獎的女性。

皮埃爾·居禮(Pierre Curie)

法國科學家，和瑪麗結婚後共同研究並獲得「諾貝爾物理學獎」。因馬車車禍過世身亡。

斯克沃斯基(Skłodowski)

瑪麗的父親，曾經是一名教授數學和物理老師，但遭侵略波蘭的俄羅斯人趕走、免除教職。

斯克沃斯基夫人

曾任女校校長。在丈夫經營的補習班幫忙，同時撫養4個孩子。後來罹患結核，年紀輕輕就過世了。

卡齊米日·多魯斯基 (Kazimierz Dłuski)

在波蘭出生長大的醫師，和布朗斯拉娃結婚。讓瑪麗住進自己家裡，並幫忙她處理就讀大學的事情。

布朗斯拉娃 (Bronisława)

斯克沃斯基家的二女兒。和瑪麗姊妹情深，彼此幫助、互相照顧，後來各自進入不同的大學就讀。

伊雷娜·居禮 (Irène Curie)

瑪麗的大女兒。和母親一樣是物理學家，也幫忙母親進行研究。之後跟母親一樣獲得了諾貝爾化學獎。

弗雷德里克·約里奧 (Frédéric Joliot)

擔任瑪麗的助手。認識伊雷娜後結婚，一起進行研究並獲得諾貝爾化學獎。

第1章 實驗器材

瑪妮怎麼沒過來？
她還在看書。
她一定是在炫耀她懂的字比我多！
瑪妮※。
媽媽！
瑪麗亞．斯克沃斯基，4歲，她就是後來的居禮夫人。
快點過來，該吃飯了喔！
唔……嗯。
妳在看什麼書？
這個——

※居禮夫人的小名。

妳看這麼難的書呀？
嗯！
很有趣喔！
書裡面寫了很多謎題的答案。
我知道她好奇心很強烈，
但是太過沉迷於讀書，我很擔心。
而且她看的書還很艱澀，連海倫娜也看不懂。
她跟我們很像，天資聰穎。沒辦法。
老公！
生悶氣
瑪妮，妳怎麼了？
聽說是因為爸爸禁止她再看書了。

小孩子就應該活力十足地到處玩耍。
淨顧著讀書，小心以後沒辦法成長為健康的大人喔。
我知道了！
瑪妮的爸爸是中學的物理老師。
媽媽以前曾經擔任過女校的校長。
雖然我們家境並不富裕，
但是大家都相處得很好，也很優秀。
我們的孩子真的很棒！
咳咳
咳咳
妳又咳嗽了……進屋裡吧！
好。
媽媽罹患了叫做「結核」的疾病。
不知道我還能活到什麼時候？還能陪那幾個孩子多久……
妳胡說八道什麼!!

媽媽好像又不舒服了。
等我長大之後，我要當一個醫生。
然後幫媽媽治好她的病。
我也是。
瑪妮妳呢？
不知道。
沒辦法，誰叫妳還那麼小。
換我、換我！我要當女演員！
然後飛上枝頭變鳳凰!!
很像妳會做的事情呢……
爸爸，
這是什麼？

妳又在爸爸的城堡裡找到什麼了嗎？
這是什麼？這是什麼？是用來做什麼的？
是用來做什麼的？
這是物理的實驗器材。
科學家用這個來解開物理的謎題，以及發現新事物。
瑪妮也要解開謎題，瑪妮也要發現新事物！
等妳長大之後，說不定妳也用得到喔！
真的嗎!?
物理的實驗器材！
等我長大以後，也要像爸爸一樣，
用這些東西發現新的事物！
因為這些器材看起來好有趣喔！
看起來
非常非常有趣……

第2章 瑪麗的決心

當時波蘭因戰敗遭到附近的俄羅斯、奧地利和普魯士※瓜分，並占領國土。
※現在的德國。
華沙※※成為俄羅斯的領地，由俄羅斯人統治。
※※波蘭的首都。
普魯士
華沙
現在的波蘭國界
俄羅斯
奧地利
斯克沃斯基老師。
校長，有什麼事嗎？
聽說你並沒有當掉那些俄語成績不好的學生，是不是？
雖然您說不好，但那種程度算不錯了。
什麼「那種程度」!!
你們波蘭人口中說著錯誤的俄語，
就等於是在侮辱我們俄羅斯人！

反正你一定常對學生說俄羅斯的不是吧？
我怎麼可能那麼做！
如果你打算跟我作對的話，
我們走著瞧！
校長。
那傢伙還是老樣子，老愛作威作福！
可惡的俄羅斯人！
斯克沃斯基先生，
您的信！
爸爸，誰寄來的？
爸爸教書的學校寄來的。
……
爸爸，怎麼了？
竟然有這種事……
看來爸爸似乎被學校解雇了。

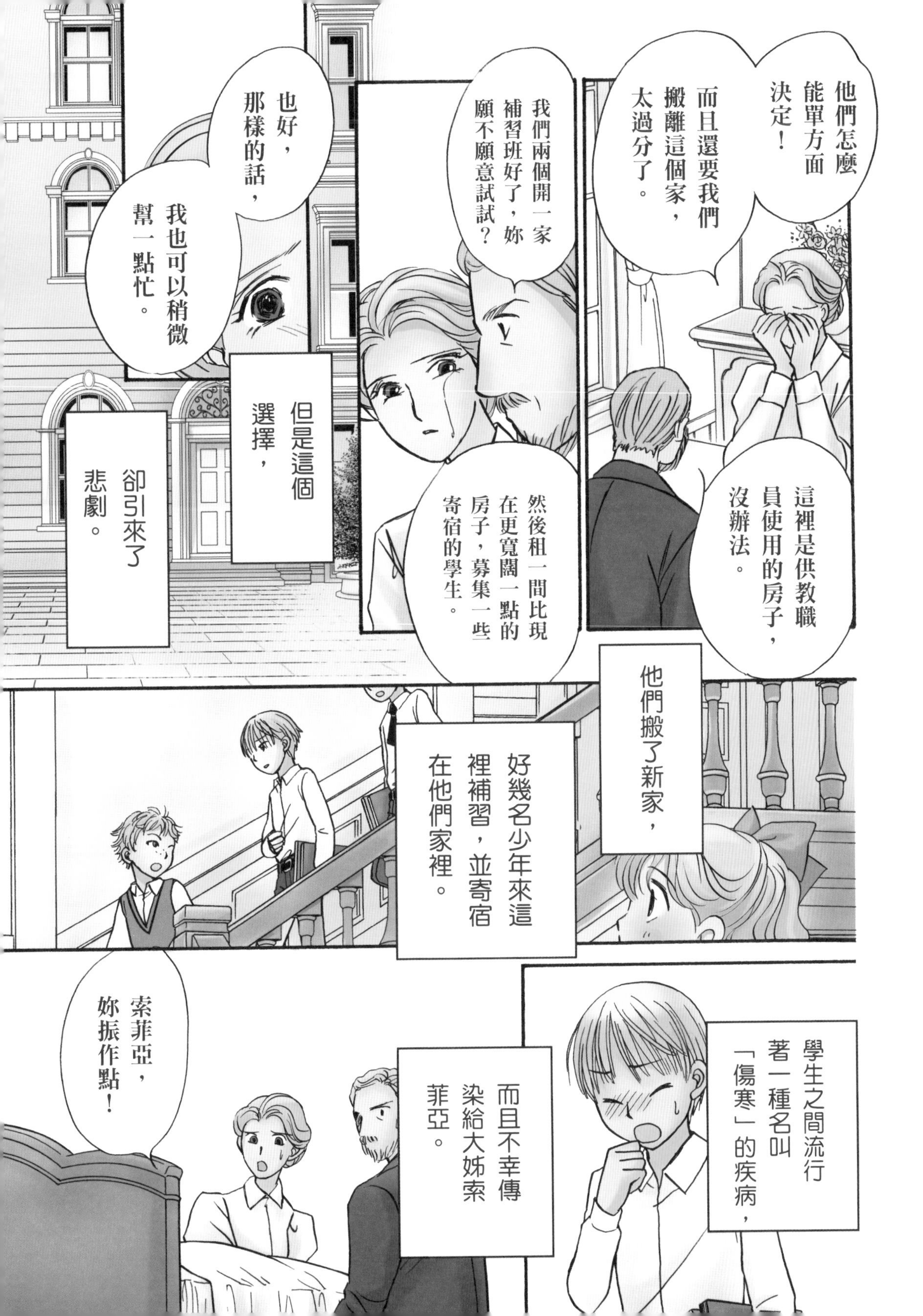
他們怎麼能單方面決定！
而且還要我們搬離這個家，太過分了。
這裡是供教職員使用的房子，沒辦法。
我們兩個開一家補習班好了，妳願不願意試試？
然後租一間比現在更寬闊一點的房子，募集一些寄宿的學生。
也好，那樣的話，
我也可以稍微幫一點忙。
但是這個選擇，
卻引來了悲劇。
他們搬了新家，
好幾名少年來這裡補習，並寄宿在他們家裡。
學生之間流行著一種名叫「傷寒」的疾病，
而且不幸傳染給大姊索菲亞。
索菲亞，妳振作點！

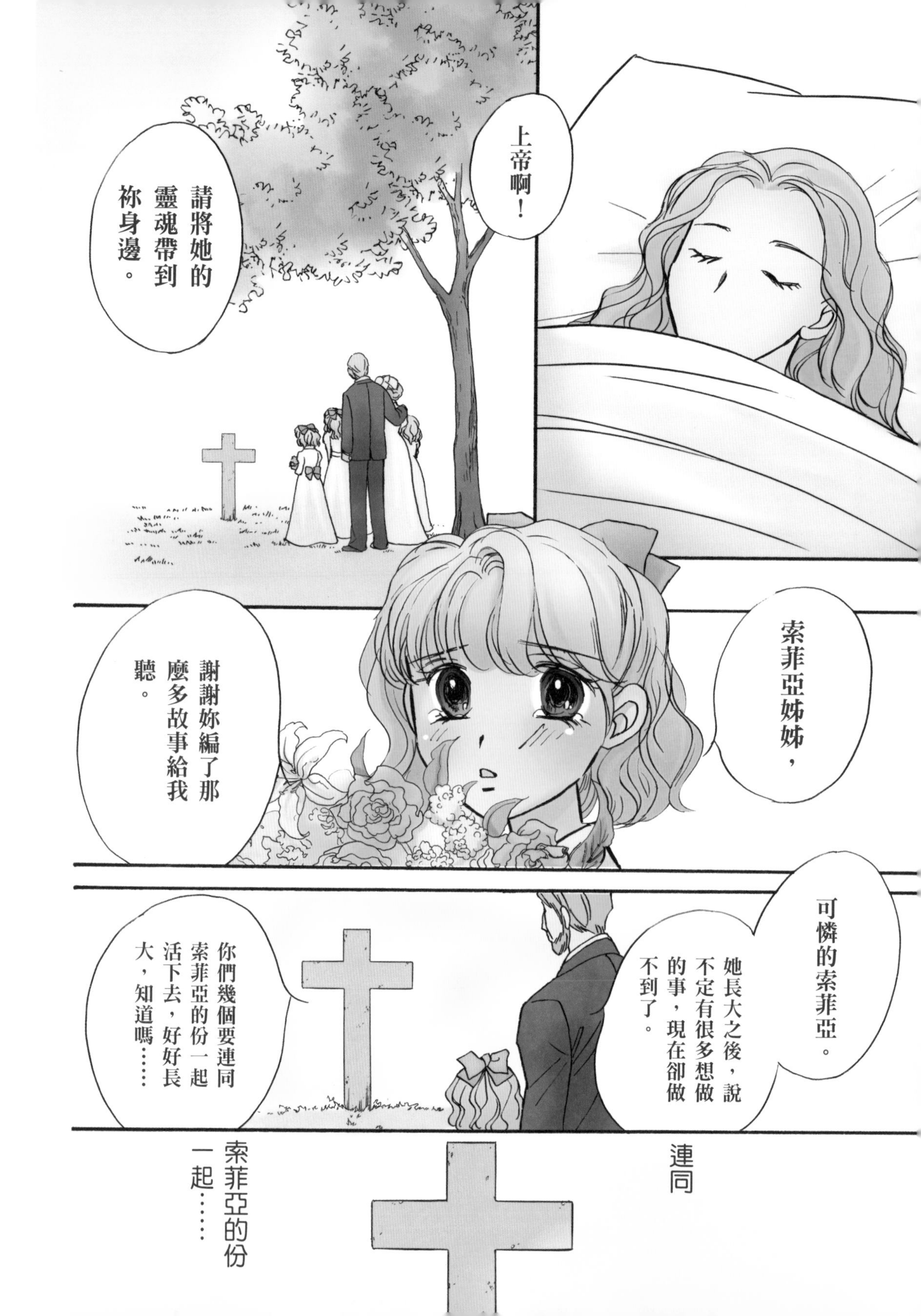
上帝啊！
請將她的靈魂帶到祢身邊。
索菲亞姊姊，
謝謝妳編了那麼多故事給我聽。
可憐的索菲亞。
她長大之後，說不定有很多想做的事，現在卻做不到了。
你們幾個要連同索菲亞的份一起活下去，好好長大，知道嗎……
連同
索菲亞的份一起……

瑪妮到了上小學的年紀，
爸爸終於允許她讀書了。
Люблю тебя, Петра творенье,
Люблю твой строгий, стройный вид,
Невы державное теченье,
Береговой её гранит, ...
好，到此為止。
瑪妮，妳唸得非常好。
不愧是班上的第一名。
那麼，大家把俄語課本闔起來，
現在開始，老師幫大家上一堂祕密的課。
哇啊！
學校有時候會用波蘭語教學生關於波蘭的事。
以前，波蘭有國王和貴族。
當時的學校，嚴格禁止老師和學生使用波蘭語。

他們只顧著維護自己的利益，導致國力衰退，
後來在戰爭中戰敗，使得波蘭被附近幾個國家占領。
啊！啊！啊！
同學們，把書收起來！
喀喀喀
是俄羅斯派來巡視的督察！
手忙腳亂
出現
瞪
這……這班現在，正在上數學。
她們沒有使用波蘭語上課吧？

當然沒有。
那我來測試一下吧！
妳點一個學生……
……那就瑪麗亞。
瑪麗亞・斯克沃斯基。
又是我？
加油，瑪妮！
因為妳的成績最好嘛！
葉卡捷琳娜二世（凱薩琳大帝）之後，統治我們神聖俄羅斯的是哪位皇帝？
葉卡捷琳娜二世、
保羅一世、
亞歷山大一世、
尼古拉二世。
很好。
那麼現在治理我們的又是哪位？
怒

怎麼了？
回答不出來嗎？
俄羅斯皇帝
亞歷山大二世陛下！
很好。
俄羅斯皇帝
耳鳴
耳鳴
看來妳已經成為一個真正的俄羅斯國民了。
瑪妮，
謝謝妳！
歡呼
掉淚
為什麼我得聽他稱讚我像個俄羅斯人？
我是波蘭人，不是俄羅斯人！

老師，
我們得聽從俄羅斯人的話聽到什麼時候？
我們不可以失去自尊，只要我們繼續讀書，變得比俄羅斯人優秀，
我認為總有一天，我們一定可以重新振興波蘭的！
可是要怎麼繼續讀書？
波蘭的大學又不允許女生就讀……
其他國家也有大學呀！
比如巴黎。
像是巴黎大學※就允許女孩子入學就讀喔！
巴黎大學……
只要去那所大學，
就可以變成跟爸爸一樣的物理學老師嗎？
我……
即使是身為女孩的我也可以。
想去巴黎大學看看……
啊……不過我們家沒有錢。

※位於法國巴黎的學校。

瑪妮！
約瑟夫哥哥。
妳快點跟我回家！媽媽她……
媽媽！
久病纏身的母親過世了。
瑪妮這時候才11歲。
媽媽以後會跟索菲亞一起，
在天堂守護大家。

媽媽……
索菲亞姊姊，
請妳們看著我，
我會繼續學業的。
不管發生什麼事，我都會繼續……
只因為我是波蘭人，只因為我是女孩子，就說我不行，但是我不會認輸的！
我一定要進入巴黎大學就讀，成為物理老師。
我一定會實現這個夢想的，所以請妳們拭目以待……

第3章 啟程前往巴黎

最優秀畢業生，
瑪麗亞·斯克沃斯基！
有！
瑪妮，恭喜妳！
謝謝！
瑪妮16歲那年從女校畢業。
以後我也要去工作了。
好不容易拿下最優秀獎，妳難道不繼續讀書嗎？
我可以半工半讀。

我……
已經想好將來的計畫了。
咦？
妳說什麼？
要我去巴黎？
沒錯！
我希望妳去巴黎大學攻讀醫學！
我還以為妳突然來找我，是要跟我談什麼，結果……
那種事情，做做夢就算了。
我全都好好考慮過了!!
我很清楚！
雖然妳現在代替媽媽，一肩扛起所有家事，
可是我知道，妳從小就夢想著將來可以當醫生……

等我長大之後，我要當一個醫生。
幫媽媽治好她的病……
…
約瑟夫哥哥會幫我實現我的夢想的。
姊姊！
從今以後，不需要再因為是女兒身就選擇忍耐！
妳應該走出家庭，實現妳的夢想才對！
可是，想要成為醫生，得花上5年的時間。
也很花錢……
我決定去當家庭教師!!
我會把工作賺來的薪水寄給妳，直到妳畢業為止。
然後等妳順利成為醫生之後，
再換妳幫我。

瑪妮，妳啊……
怎樣？我的想法很不錯吧？
謝謝妳！
加油，布朗斯拉娃姊姊。
孩子的媽，我們的孩子正在努力想辦法抓住夢想。
妳要好好保佑他們……
姊姊，一路順風！
瑪妮，我會努力快點當上醫生，再叫妳來巴黎的！
姊姊也走了。
話說回來，今天開始，誰來做飯給大家吃？
船到橋頭自然直啦！

瑪妮開始工作，她成了家庭教師，住在雇主家裡。
一開始雇用她的，是華沙市內的律師家庭。
但是這個家……
薪水好少！
我明明工作得那麼努力！
沒辦法，只好找其他地方了。
去鄉下人家，薪水說不定會比較好。
這裡就是※什切青村。
老師，我來接妳了！
像妳這麼年輕的人來當老師，沒問題嗎？
保證沒問題！
豪邁

※距離華沙約100公里。

新來的家教怎麼樣？
年紀輕輕的，不過似乎相當優秀。
孩子們也很喜歡她……
老師妳真厲害！
妳跟我一樣大，卻什麼都知道。
因為我最喜歡解謎了。
碰上不知道的事情，我一定要查清楚才會甘心。
話說回來，布隆佳，
這村莊的小孩，怎麼都不去學校上學？
他們幾乎不去上學。
一方面，大家都不想學俄語，
另一方面，他們好像也覺得在家幫忙比較好。
我來教那群孩子波蘭語和歷史好了，妳覺得呢？

開心
我覺得很不賴呢！
我來幫妳吧！
布隆佳！
俄羅斯的督察會來這裡巡視嗎？
這一帶是鄉下，他們不會來的，妳放心！
就這樣，祕密的課程開始了。
咳咳
看著他們，讓我回想起就讀女校的時候……
老師當時一定也是懷著這樣的心情在教導我們吧。
我們的國家波蘭……

請別忘記，
我們是波蘭人。
現在雖然遭到異國統治，但是……
我們的國家一定可以復興！
為了等待那天的到來。
就這樣，瑪妮在什切青村，
請別忘記我們的根本……
度過了3年的時光。
這個月可以多寄一些錢給布朗斯拉娃了！
我自己也要好好用功，將來才可以上大學。
妳的信。
爸爸寄來的。
瑪妮，我獲得一份新工作，即將成為少年院的院長。

我會幫忙寄錢給布朗斯拉娃的，
所以妳回來華沙，暫時休息一陣子吧。
謝謝你，爸爸……
老師，妳要保重喔！
波蘭語的課，我會接替妳繼續上下去的。
那就拜託妳了，布隆佳。
瑪妮回到華沙，
她住在家裡，一邊外出擔任家教的工作，一邊繼續自己的學業。
我對今天煮的湯很有自信喔！
噴！
爸爸!!

對不起，我放太多鹽巴了。
哎呀—
妳很會讀書，但烹飪就完全不行了。
久違的老家……
我明明只在什切青村待了3年，
可是總覺得爸爸老了很多。
約瑟夫哥哥和海倫娜姊姊，
他們都已經離開這個家獨立了。
我就這樣跟爸爸住在華沙，
兩個人一起生活，是不是會比較好……
瑪妮，歡迎妳！
尤塞夫你好。
某天，瑪妮來到華沙市內的農工業博物館參訪。
我聽叔叔說妳對物理很有興趣，
所以想把這裡介紹給妳。

這裡是我們華沙年輕人專用的研究室。
我們避開俄羅斯督察的目光，偷偷在這裡學習科學。
如果妳也有什麼想學的東西，歡迎妳使用這間研究室。
謝謝！
我以前在爸爸的房間裡……
看過這個東西……
物理的實驗器材。
我以後也想用這些器材做實驗！
因為看起來好像很好玩！
……沒錯。

我還是想繼續讀書學習新知、
我再也無法繼續等待了！
做實驗、
研究物理和科學領域中尚未解開的謎題！
親愛的布朗斯拉娃，
收到信之後，請給我回信。
不知道這次可不可以輪到我去巴黎了呢？
我無論如何都想去巴黎大學讀書……
是瑪妮寄來的信。

布朗斯拉娃在巴黎成為一名醫生，
她和同是波蘭人的醫生卡齊米日結婚。
我可以叫我妹妹來住我們家嗎？
我跟她約好了。
當然可以啊！
妳立刻過來吧！我等妳。
布朗斯拉娃！
謝謝妳！
爸爸，對不起，我得留下你一個人離開了。
妳不用擔心我。
去了巴黎，可要好好用功喔！
謝謝爸爸！
等我拿到教師資格後，我會立刻回來的!!

叭——
鏗咚
鏗咚
這條路通往巴黎。
我終於走到這一步了。
我
一定會實現我的夢想！
瑪麗亞·斯克沃斯基，這時候24歲。

第4章 命中注定的人在實驗室

巴黎北站，一八九一年。
瑪麗！
瑪麗！
瑪麗，這邊！
瑪妮！
布朗斯拉娃姊姊！
你們是來接我的嗎？
你們叫我瑪麗，我還以為是在叫別人呢。
瑪麗亞在法語裡唸成瑪麗喔。

她是我丈夫卡齊米日。
請多指教，瑪麗。
瑪麗。
請多指教，姊夫。
我們明天去大學看看吧！
喀啦喀啦
喀啦喀啦
今天先帶妳回我們家，順便為妳介紹一下巴黎。
啊啊，巴黎，
我終於來到巴黎了！
以後再也不用在意俄羅斯督察的目光了。
這裡充滿了自由！

妳是即將入學的新生，對吧？
請在這裡寫下妳的名字……
……
流暢
快速
Marie
因為以後要在法國生活了，
所以簽名也得改成法國風格才行。
咕咕咕——
姊夫、姊姊，我去上學了！
天還沒亮呢……
她太有幹勁了……
好，
我要努力用功讀書～

瑪麗開始過著努力用功讀書的日子。
我問你，
那個女孩子怎麼總是坐在第一排？
她是外國人吧？
她好像叫做瑪麗……
瑪麗，像妳這麼可愛的女孩，在這裡做什麼？
比起讀書，妳應該去學學怎麼做個稱職的新娘吧？
謝謝你的忠告。
但是我又不打算結婚，不需要去學怎麼做個稱職的新娘。
啊……是嗎……

呼！
報告終於寫完了。
哇哈哈哈
咚鏘咚鏘
住在布朗斯拉娃家，雖然不用花房租和餐費，但是……
哇哈哈哈
訪客太多，實在太吵鬧了。
瑪麗！
瑪麗！
嗟嗟嗟嗟
姊夫，什麼事？
拉
妳也一起來玩吧！

我很感謝他們的好意，
但是我不是為了玩樂才來巴黎的啊！
妳說什麼!?
妳要搬出去？妳是認真的嗎？瑪麗！
妳對這裡有什麼不滿意的地方嗎？
不，這裡太吵……
這裡到學校要花兩個小時，
我覺得太浪費時間了，
所以想搬去大學附近住。
沒錯。我已經找好房子了。
姊姊和姊夫心不甘情不願地答應瑪麗搬出去獨居。
好，
搬家到此結束，全都搬好了。

新家雖然有點小又老舊，
不過這裡很安靜，我總算可以好好讀書了。
沒有暖氣設備果然有點不妙……
發抖
好冷喔……
但是我得節省一點。
畢竟在巴黎讀書，可是很花錢的。
從那之後，
瑪麗廢寢忘食地努力讀書。

某天，
妳好！
迪汀絲嘉，歡迎妳來。
好簡陋的房子……
我現在去倒茶給妳。
砰噠
瑪麗？
瑪麗！
妳突然昏倒，我嚇得不知道該怎麼辦才好。
幸好妳姊夫就是醫生。

瑪麗，
妳立刻過來我們家！
？
ガッガッ
ガッガッ
真是的！
妳幾天沒吃東西了？
我……
只是覺得做飯很麻煩……
因為妳不會做飯，所以才會覺得麻煩。
從今天起，我會好好幫妳特訓，教妳烹飪的！

※圖中「ガツガツ」日文狀聲詞，音近「喀滋喀滋」，形容狼吞虎嚥的樣子。

瑪麗進入巴黎大學就讀，經過了2年。
接下來發表通過※物理學學士測驗的及格名單。
第1名，
瑪麗．斯克沃斯基！
騷動
真厲害……
明明是個女的，卻拿下第1名。
瑪麗以優秀的成績獲得了學士資格。
於是巴黎大學開始提供瑪麗獎學金。
這下子我就能繼續讀書了！
在那之前，妳先搬去一間乾淨一點的房子住吧！

※要獲得這項資格，才能從大學畢業。

※物理學教授，夫人和瑪麗熟識。

斯克沃斯基小姐！
瑪麗後來繼續留在巴黎大學讀書和進行實驗，
這年她26歲。
科瓦爾斯基老師。
妳在找的實驗室，有一個學者願意出借給妳，
下次妳來我家，我介紹他給妳認識吧！
好的，謝謝！
瑪麗，我為妳介紹，
這位是皮埃爾·居禮博士。

……
居禮老弟，
怎麼還不快點向女士問好呢？
啊……
妳好……
妳應該發現他是個遲鈍的男人了吧？
不過他在學問上的表現非常優秀。
真不知道該說他不諳世事，還是該說他是個怪胎！
看你呆頭呆腦的模樣，
不好意思……
但其實你可是個天才科學家，對吧！
好有趣的人……
嘻嘻
而且好像很溫柔。

※對自然晶體等施加壓力，使其產生電壓，用來測量這種現象的器具。

這就是傳說中的電位器，
太迷人了！
妳願意的話，我可以解釋它的構造給妳聽喔？
真的嗎？
閃亮
她看起來很高興。
第一次有女性，在我聊研究的事情時，
露出那麼開心的表情！
顫抖
顫抖
顫抖
好厲害！
好棒喔——
超帥的——
就這樣，皮埃爾逐漸受到瑪麗吸引。
瑪麗，我第一次碰見像妳這樣的女性。

瑪麗也一樣。
跟皮埃爾老師在一起，我覺得好快樂。
他給人一種安心的感覺。
跟人在華沙的爸爸有點像。
……難道我喜歡他？
…
當然喜歡啊！
害羞
他是我的恩師，又是個天才，
我非常尊敬他。
我接下來要回華沙當老師，
順便陪伴爸爸。
7月
瑪麗通過數學的學士測驗。
和巴黎大學告別的時刻終於來臨了。

謝謝你的照顧，
皮埃爾老師。
……啊啊。
謝謝妳照顧我這麼久，布朗斯拉娃姊姊！
保重喔！
代我向爸爸、約瑟夫哥哥，還有海倫娜問好。
再會了，巴黎。
再會了，巴黎大學。
這些日子以來，謝謝你們！

我就這樣眼睜睜看著她走，什麼也沒說。
我明明有很多話必須告訴她，但我卻一句也沒說出口……
寫信！
寫信告訴她……
對了，寫信給她吧！
瑪妮，妳的信！
皮埃爾老師寄來的。
妳曾說過妳是自由的，但我認為那樣的想法實在太過狂妄。
人生在世最痛苦的，莫過於面對束縛我們的社會刻板印象時，不得不讓步。
諸如此類的事情
這封信怎麼寫得好像論文一樣。
老師究竟想表達什麼？

請向我保證，妳十天之內就會回到巴黎。
如果妳留在波蘭，
妳將無法繼續進行研究。
妳不可以捨棄科學。
如果妳無法離開波蘭的話，我將去波蘭找妳。
請妳跟我結婚吧！
皮埃爾老師。
瑪妮，妳要回巴黎嗎？
爸爸……
可是，
一旦和法國人結婚，以後可能就無法回波蘭了。

妳不用擔心我。
我在華沙還有約瑟夫和海倫娜兩個孩子啊！
爸爸……
叩！叩！
哪位？
啊……
皮埃爾老師！
瑪麗！

你……
會讓我變成居禮夫人嗎？
……
當……
當然嘍！
當然！
進來裡面聊吧！
行李呢？
只……只有這些嗎？
對。

第5章 散發神祕光輝的鐳

一八九五年七月二十六日，皮埃爾和瑪麗結婚。
居禮夫人誕生了。
瑪麗這時28歲。
恭喜你們！
恭喜你們，瑪麗、皮埃爾！
不悅

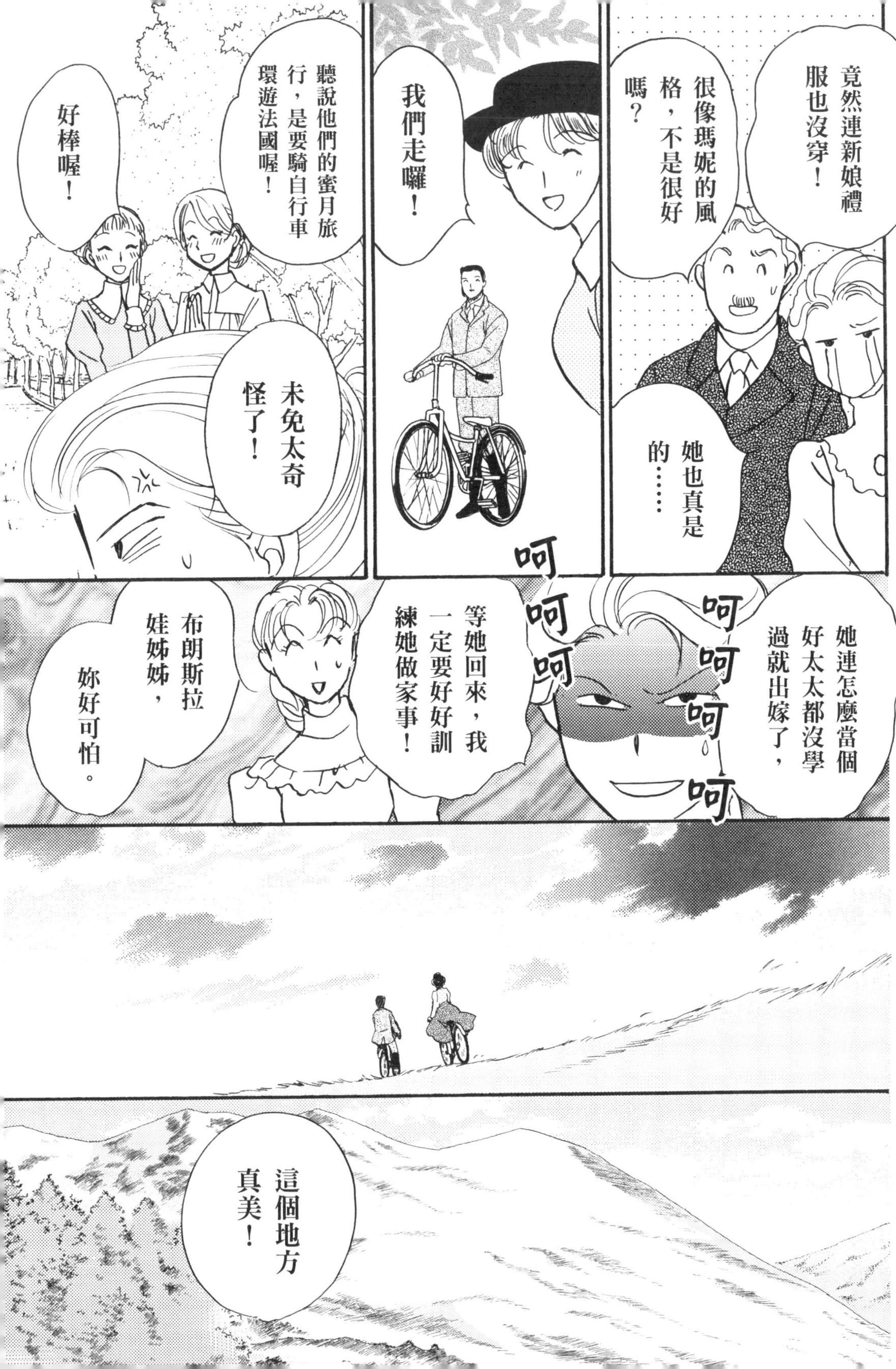
竟然連新娘禮服也沒穿！
很像瑪妮的風格，不是很好嗎？
她也真是的……
我們走囉！
聽說他們的蜜月旅行，是要騎自行車環遊法國喔！
好棒喔！
未免太奇怪了！
她連怎麼當個好太太都沒學過就出嫁了，
呵呵呵呵呵
等她回來，我一定要好好訓練她做家事！
呵呵呵
布朗斯拉娃姊姊，
妳好可怕。
這個地方真美！

可以跟你兩個人一起來這裡，真是太好了！
瑪麗。
我來製造一點浪漫的氣氛吧……
呃，瑪麗……
欸，皮埃爾，
等這趟旅程結束回家後，
我想準備一下，開始寫博士論文。
咦？
不知道會不會又被外界批評「女人家寫什麼論文」？
到現在的確還沒出現過女博士。
不過如果是妳，一定可以的。
妳應該試試看，瑪麗。

我會幫妳的。
皮埃爾，謝謝你。
瑪麗開始了忙碌的日子。
她除了自己的研究外，
白天同時得跟皮埃爾去同一所物理化學專門學校任教，
晚上還有主婦的工作要做……
呼嚕——
瑪麗，
在這裡睡覺會感冒喔！
呼嚕——

結婚2年後，
他們的第一個孩子誕生了。
伊雷娜。
她長得跟妳一模一樣。
真可愛！
我的小公主！
伊雷娜終於睡著了，趁現在繼續查資料吧！
當時瑪麗正在尋找下一個研究的主題。
想要獲得博士學位，唯有進行前所未有的研究才行。
這個人的研究主題，太令人感興趣了。
那是法國人貝克勒所寫的論文。

※含有放射性元素鈾的岩石。

※※蘊含放射性元素的東西才會釋放出放射線。

※※※貝克勒於一八九六年發現了鈾射線。

既然如此，我需要一間實驗室!!
爸爸，可以麻煩你幫我們照顧伊雷娜嗎？
啊啊，可以啊。
聽說大學願意把實驗室借給我們。
校長說我們可以自由使用這裡。
首先，我來查查除了鈾之外，還有沒有其他會釋放出放射線的物質！
我想先去看看！
只不過這裡原本是座倉庫。
破破爛爛
大受打擊

骯髒算什麼，只要好好打掃乾淨就行了!!
我不會輸的——
瑪麗，這裡漏雨漏得很嚴重喔！
瑪麗開始在倉庫實驗室進行研究。
她盡可能地收集各種從自然界採集而來的物質，
並一一測試各個物質會不會發出放射線。
唔！
首先從這個開始……
滾燙滾燙
滾燙滾燙
滾燙滾燙
隨著研究的進行，
瑪麗發現除了鈾之外，釷也會發出放射線。
瑪麗將這種會發出放射線的性質，命名為「放射能」。

※名稱源自波蘭的拉丁文「Polonia」。

一八九八年七月
終於成功分離出來了！
但是，從岩石分離出釙以後，剩下的殘渣仍在釋放強烈的放射能。
瑪麗終於發現了放射能遠比鈾強烈許多的釙。
釙!!
是跟釙不一樣的東西。
這東西也擁有強烈的放射能……
這之中，一定還有什麼……
瑪麗將這種未知的元素命名為「鐳」，並開始尋找它的存在。
你為了幫我，害你無法進行自己的研究，真是抱歉！
沒關係啦！
現在妳的研究比較重要啊。
謝謝你，皮埃爾！

※一八九九年發現了放射性元素「錒」。

瑪麗不斷進行這些不起眼的步驟，
不知不覺，4年的時光就這樣過去了。
皮埃爾，你還好嗎？
啊啊……
咳咳
咳咳
皮埃爾的身體變得越來越差。
吸鼻涕
我最近老覺得很疲憊。
如果是致命的病，該怎麼辦？
萬一你有個三長兩短，
我也活不下去了……
妳太誇張了。

萬一將來我怎麼了，
妳也沒問題的。
妳一個人就足以繼續完成研究了。
因為妳比妳自己認為的要來得堅強。
別說那種不吉利的話啊！
流淚
我是說「萬一」嘛。
我還不會這麼快就死的。
我去實驗室一下。
現在嗎？
事情做到一半，我不放心。
我也要去!!

嘰
一片漆黑，看不見鑰匙孔在哪裡。
皮埃爾，那個……
是什麼……

散發出藍白色的光芒，
好美啊……
難道這就是……
鐳!?

是鐳的晶體在發光。
我們終於親眼看到鐳了！
沒想到它是這麼美的東西。
鐳……
那是他們從重達8噸的瀝青鈾礦中分離出來的鐳，重量只有0.1克。
發現鐳的新聞傳遍了全世界，
向世界宣告科學的新時代就此展開序幕。

第6章 光榮與悲傷

由於發現了鐳，
瑪麗成為歐洲第一位女性博士。
其他科學家進行的放射能研究也日新月異。
後來還從皮埃爾被鐳灼傷的經驗，
開發出利用鐳燒灼癌細胞，以治療癌症的「居禮療法」。
咦，用鐳？
可以治療癌症？
鐳真是萬能啊！
鐳實在太棒了！
鐳！
GLANDS AND RADIUM
鐳!!

因為發現鐳的關係，從大學校方領到一些獎金，
我們可以借一間好一點的實驗室了！
希望新的實驗室不會漏雨——
皮埃爾！瑪麗！
不得了了！
怎麼了？
不得了了！
你們冷靜一點聽我說！
因為發現鐳的關係，
諾貝爾委員會決定把諾貝爾獎頒給你們！
所謂的諾貝爾獎，
是根據瑞典化學家諾貝爾的遺囑所成立的，
每年會分別頒發給在物理學、化學、醫學等，各領域上有傑出表現的人。
ALFR. NOBEL
NAT. MDCCC XXXIII OB. MDCCC XCVI

那又怎樣？
跌倒
是諾貝爾獎喔！諾貝爾獎!!
你們明不明白現在是什麼狀況!?
頒獎典禮？斯德哥爾摩？
那不是得去外國嗎？好麻煩。
而且你身體又不好。
不去不行嗎？
諾貝爾獎的榮耀……
……
這年的諾貝爾化學獎，
頒給了居禮夫妻和亨利·貝克勒。
KONGLIGA SVENSKA
VETENSKAPS-AKADEMIEN
ALFRED NOBEL
PIERRE CURIE
MARIE CURIE
瑪麗成了史上第一位獲頒諾貝爾獎的女性。

而居禮夫妻真的缺席了頒獎典禮。
人潮洶湧
獲得諾貝爾獎的兩人，成為舉世聞名的人物。
居禮教授、
居禮夫人，
我們是巴黎報社，
麻煩兩位說幾句話！
……真的嗎？
這樣實在沒辦法工作。
喀沙
這封也是。
我也是，
所有來信的內容，都在邀請我們去參加宴會。
嗯？
這封不是喔……

皮埃爾，
美國的公司來信，
希望你們告訴他們製作鐳的方法。
是喔。
好，那就告訴他們吧！
好啊。
你們給我等一下！
不可以免費告訴別人!!
要先取得專利才行！
這麼一來，你們能靠專利獲得一筆錢財。
然後也就能用更好的設備進行研究了！
可是，
那麼做對科學的發展沒有幫助呀。
瑪麗……

我從事研究並不是為了錢。
只要我的發現能對世人有幫助、讓大家因此過得更幸福，
我就很開心了！
……
皮埃爾你也勸勸她吧……
既然瑪麗那麼說，我也贊成。
你們真是的……
不知道該說你們清心寡慾，
還是該說你們是兩個過分老實的怪人……
不，
應該說，這很像你們會做的事。

獲得諾貝爾獎之後，
皮埃爾獲邀擔任巴黎大學的教授。
瑪麗則一邊在凡爾賽的女校教書，一邊繼續著她的研究。
他們的第二個孩子艾芙誕生，
日子過得非常幸福。
持續進行研究的兩人，身體健康每況愈下。
瑪麗妳不要緊吧？
你才要多保重。
兩人這時還不知道，
瑪麗發現的鐳雖然能幫助人類發展，
但它同時也是一種致命的危險物質。
淅瀝嘩啦
瑪麗，我出門嘍！

你慢走。
待會在研究室見。
爸爸，拜拜！
滂沱大雨，真是傷腦筋。
改走這邊的路好了。
嘩啦
喀啦
喀啦

喀啦喀啦
喀啦
喀啦
撞擊…
瑪麗！
不好了！
皮埃爾他……

不要啊啊啊！
噹——
噹——
瑪妮
不要緊吧？
她整個人
失魂落魄的……
時間到了，
我得去
實驗室……

我辦不到……
我一個人沒辦法進行研究啊！皮埃爾……
萬一將來我怎麼了，
妳也沒問題的。
妳一定可以繼續完成研究。

因為妳比自己認為的要來得堅強！
由於皮埃爾教授突然過世，
他的課現在還是停課的狀態。
我希望妳成為巴黎大學的講師，
接下居禮教授的課。
我要去大學授課？
我知道了。
我願意接受這個職位。
謝謝妳，居禮夫人！

瑪麗在巴黎大學講課的事情，立刻成為社會上的熱門話題。
因為這是巴黎大學第一次聘用女性講師。
她是獲得諾貝爾獎的居禮夫人對吧？
我好想去聽聽她的課喔！
像她那樣一個女人家，
真的有辦法好好教課嗎？
她上課那天，除了學生之外，還有許多外人來看熱鬧。
喀！喀！
淡然

這幾年，物理的進步對學問造成很大的影響，
有一件事最令人感到驚訝，
也就是科學改變了人們的想法。
連個寒暄都沒有，真失禮！
這種課實在太莫名其妙了！
噓！
這堂課是講給學生聽的。
瑪麗老師這堂課，
正好從皮埃爾教授過世，導致課程中斷的地方開始。
她接下皮埃爾教授的棒子，
盡心負責地教導學生，她做得很好。
今天的課就到此結束。

啪
啪
啪
啪
歡呼
啪
啪
啪
啪
啪
皮埃爾，這樣可以嗎？
我……有沒有及格？
啪
啪
啪
啪
啪
啪
啪
啪
2年後，瑪麗獲得巴黎大學任命為教授。
她之後依然一個人繼續著研究，
成功從礦石中分離出純粹、沒有雜質的鐳。

一九一一年，她獲得諾貝爾化學獎。
瑪麗這時44歲。
一個人獲得兩次諾貝爾獎，是一件非常令人驚嘆的事。
MARIE SKLODOWSKA CURIE
SVENSKA
ALFRED NOBEL
從此之後，
再也沒有人對著瑪麗說「妳一個女人家能做什麼」了。
萬一將來我怎麼了，
妳也沒問題的。
妳一定可以繼續完成研究。
因為妳比自己認為的要來得堅強！

第7章 相信科學的未來

一九一四年，位於巴黎的皮埃爾．居禮路上，成立了鐳研究所。
由瑪麗擔任所長。
媽媽，
實驗的準備，這樣可以嗎？
伊雷娜跟父母親一樣，成為一名科學家，
並擔任瑪麗的助手。
媽媽，妳怎麼了？
伊雷娜，
戰爭開打了。
第一次世界大戰。
法國也將成為戰場。

每天將會出現很多受傷的士兵。
不知道我可以為這場戰爭做些什麼？
我是否能用我所擁有的科學知識，來幫助大家呢？
對了！
伊雷娜，我們用那個吧！
幫我找輛車！
車？
這就是X光攝影機？
沒錯，
這臺攝影機發出的光線，可以找出中彈的地方。
就像這樣，可以準確地明白子彈在什麼位置，
因此只要動手術取出子彈就可以了。
這臺機器太棒了！
立刻幫受傷的士兵動手術！

這麼一來，中彈的士兵就能得救了。
好，下一個！
謝謝妳，居禮夫人！
科學是為了人類存在的東西。
可以幫上大家，實在太好了！
好，接下來去最前線附近的醫院。
好的，媽媽。
轟隆！！
呀啊！
妳抓好！
媽媽妳好厲害！
我嚇到腿都軟了。

爆炸
妳爸爸以前也對我說過一樣的話。
不愧是爸爸……
啊──又來了──
轟隆轟隆轟隆
然後，
一九一八年十一月十一日
第一次世界大戰結束。

由於德國和奧地利在這場戰爭中戰敗，
瑪麗的祖國波蘭終於得以脫離兩國獨立。
我的祖國，
終於獲得自由了。
一出生便成為奴隸，
從在搖籃的時候開始，
就被鎖上枷鎖禁錮的我們，
長久以來一直在夢想著這一天的到來。
我終於看到我們的國家復興了！
一九二二年
瑪麗，出發嘍！
準備好了嗎？

準備好了，伊雷娜。
瑪麗和兩個女兒獲邀前往美國。
當時，瑪麗雖然是鐳的發現者，但她手上卻沒有鐳。
那是因為鐳開始被應用在各種用途上，導致價格居高不下。
由於戰爭之故，瑪麗的研究所沒有資金購買鐳，
美國人決定贈送鐳給瑪麗，
瑪麗也心懷感激地接受了美國人的心意。

這場旅行後，
瑪麗躺在床上昏睡的時間變多了。
她從大約十年前開始，
便深受嚴重的耳鳴所困擾。
另外她也罹患了白內障。
曾接受過好幾次手術，
但雙眼仍然喪失了視力，她幾乎什麼也看不見。
周圍的人們懷疑是放射線研究弄壞了瑪麗的身體，
紛紛勸她放棄研究。
瑪麗靜靜地笑著回答。
我不要緊的。
好，來準備下次的實驗吧！

瑪麗雖然這麼說，但其實她本身也曾懷疑過放射線對人體造成的影響。
鐳擁有強而有力的能量，
如果可以用它來治療人們的疾病就好了。
魯戈教授在瑪麗的研究所裡，
繼續研究如何使用鐳治療癌症，
世界各地的醫師紛紛前來求教。
但是萬一搞錯用法……
萬一人類無法控制這股強烈的能量……
我……
說不定發現了一個非常不得了的東西。

於是瑪麗考慮在祖國波蘭也建造一間科學研究所，
一間為了所有人類未來設想而成立的鐳研究所，
那是一個包含瑪麗衷心期許的龐大計畫。
波蘭的人們呼應瑪麗姊姊布朗斯拉娃的號召，
幫忙募集所需的資金。
RADIUM Research
就這樣，一九三二年，
位於華沙的鐳研究所終於落成了。
衷心期盼各位，
能將鐳的能量，
使用在人類的和平上！
暈眩
媽媽!?

媽媽，妳身體還好嗎？
弗雷德里克今天也一起來了。
伊雷娜。
艾芙。
伊雷娜和研究所同事弗雷德里克·約里奧結婚。
和瑪麗與皮埃爾一樣，兩個人一同進行研究。
之後，她也跟瑪麗一樣獲得了諾貝爾獎。
他們兩個，就像以前的你們呢！
布朗斯拉娃姊姊。
妳和皮埃爾。

不愧是母女。
呵呵！
麻煩家屬過來，醫生有話跟你們說。
很遺憾，
我們已經無計可施了。
她的內臟受損嚴重，我們認為她有惡性貧血的症狀。
我妹妹長年以來不斷努力，
現在，我希望讓她好好休息。

我們還是學生的時候，
只因為生為女兒身就無法進大學就讀，
她在那樣艱困的時代，辦到了連男性都覺得困難的事。
諾貝爾物理學獎、
諾貝爾化學獎、
巴黎大學物理學教授、
法國醫學學院會員。
歡迎妳加入，
向妳學習，是我們的光榮。
妳是我們的驕傲。
妹妹是我的驕傲。
她也是人類……
和所有女性的驕傲！

啊啊，
好安靜啊……
叩……
是誰？
呵呵……
妳在那裡做什麼呀？
我跟妳說喔，
我在爸爸的城堡裡，發現了很好玩的東西！

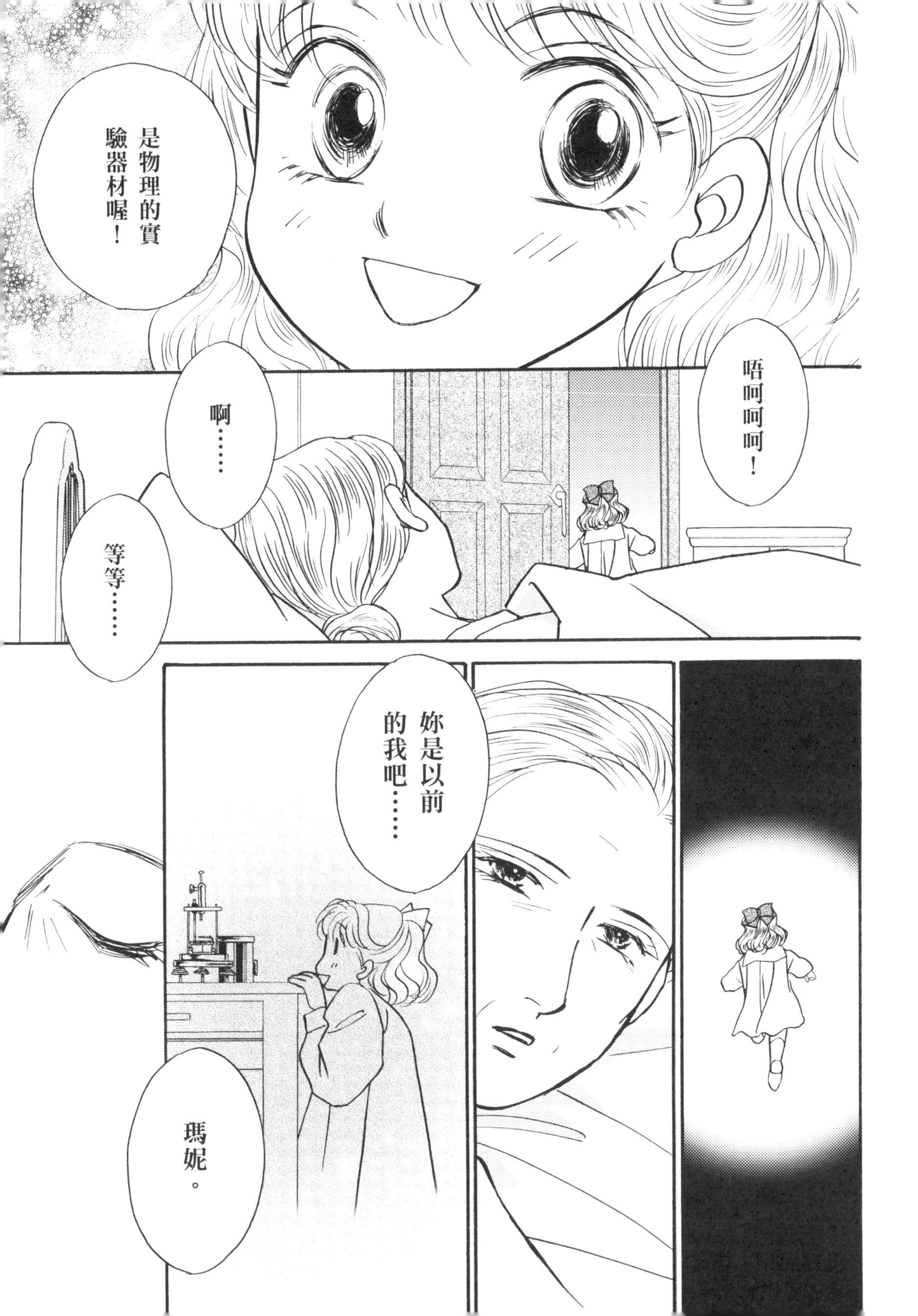
是物理的實驗器材喔！
唔呵呵呵！
啊……
等等……
妳是以前的我吧……
瑪妮。

我從事研究不是想要獎項或名聲。
我只是想要實現夢想，成為科學家而已。
實現夢想之後，和他一起，
從事更多對人類有助益的研究。

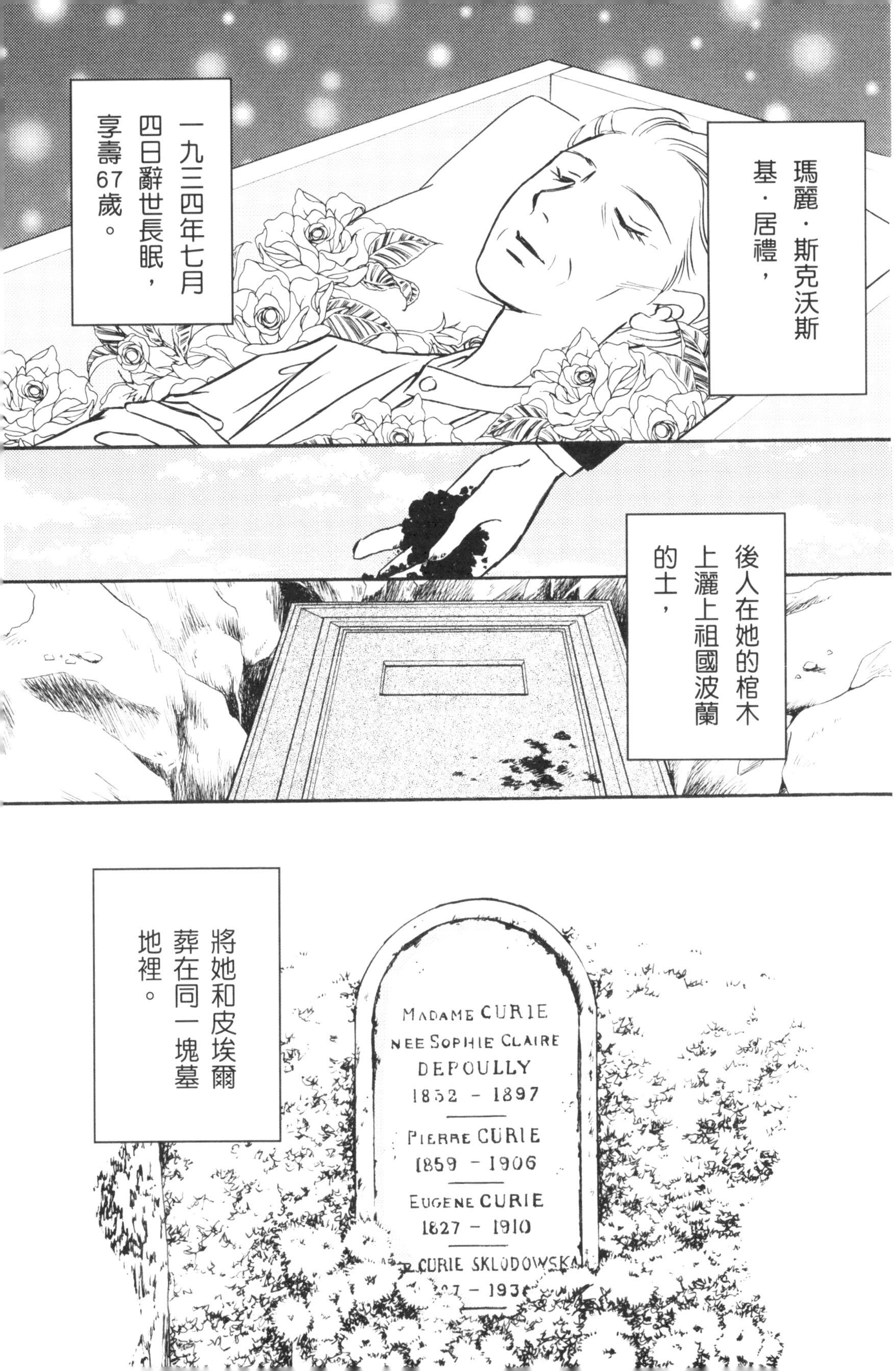
瑪麗·斯克沃斯基·居禮，
一九三四年七月四日辭世長眠，享壽67歲。
後人在她的棺木上灑上祖國波蘭的土，
將她和皮埃爾葬在同一塊墓地裡。
MADAME CURIE
NEE SOPHIE CLAIRE
DEPOULLY
1832 - 1897
PIERRE CURIE
1859 - 1906
EUGENE CURIE
1827 - 1910
CURIE SKLODOWSKA

瑪麗生活的時代，
「男主外、女主內」被認為是理所當然的一件事。
然而瑪麗靠著自己的力量實現了夢想，
可以說她以一名妻子、母親和科學家的身分，
活出了非常精彩的人生。

Marie Curie

增長見聞的學習教室

- 進一步認識居禮夫人
- 居禮夫人生活的時代
- 參考文獻

進一步認識 居禮夫人

基礎知識解說

祖國波蘭

俄羅斯的統治

東歐國家波蘭到十六世紀為止，在歐洲各國中可算是泱泱大國，國力極其鼎盛。

然而，十七世紀開始與俄羅斯之間頻繁發生戰爭，導致國力逐漸衰退；十八世紀慘遭俄羅斯、普魯士與奧地利三國瓜分國土。

到了十九世紀，波蘭大部分地區已改由俄國皇帝兼任國王，名為「波蘭會議王國（或稱為俄屬波蘭）」，直接受到俄羅斯的統治。

俄羅斯

現在的俄羅斯聯邦，是以民選總統為中心治理國政的「共和國」型態；但是當時的俄羅斯，則是由擁有極大權力的皇帝世襲（由兒子或有血緣的人繼承父親的地位）統治的「帝國」。

波蘭人民為了找回祖國的自由與獨立，不時發起抗爭行動，但皆遭俄羅斯軍隊鎮壓，以失敗告終。

瑪麗就是出生在這樣的時代。

學校上課全使用俄語

瑪麗出生長大的城市——波蘭首都華沙，由於受到俄羅斯統治的影響，政府官員及學校教師多半都是俄羅斯人。學校也全部以俄語上課，禁止學生使用母語波蘭語。不僅如此，還禁止學生學習祖國波蘭的歷史。

瑪麗雖然能理解困難的俄語，但她心中其實更希望可以自由地使用波蘭語學習。

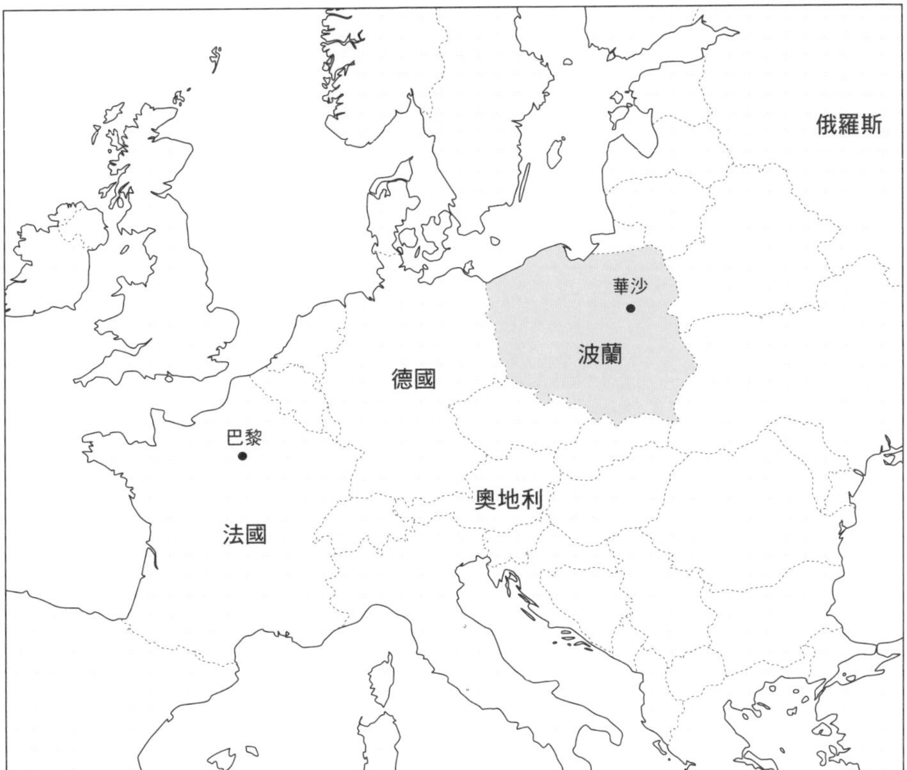

瑪麗的祖國波蘭位於歐洲東邊。（圖中使用現在的國界。）

就在此時，瑪麗父親斯克沃斯基突然遭長年任教的中學革職，只因為俄羅斯人校長看他不順眼。父親遭到革職後，瑪麗一家人被趕出多年來居住生活的學校宿舍，吃了不少苦頭。

心有不甘的瑪麗從女校畢業後，參加由推動祖國獨立的年輕人所舉辦的祕密讀書會「移動大學」，暗中學習波蘭的歷史。另外，瑪麗在鄉間擔任家教時，也曾偷偷教導村裡的小孩閱讀書寫波蘭語和波蘭的歷史。

對巴黎的嚮往

當時波蘭的大學不接受女學生入學。以第一名成績從女校畢業的瑪麗，若想繼續升學就讀，只能選擇出國留學。

位於法國巴黎的巴黎大學接受女性入學就讀，也能自由學習喜歡的科目。於是瑪麗立定目標決定有朝一日必定要到巴黎大學留學。

對祖國的思念

一八九一年，瑪麗實現心願，前往位於巴黎的巴黎大學留學。之後便旅居法國，過著研究生活。但她從未忘懷祖國的一切，非常關心祖國。

一八九八年，發現新元素的瑪麗便用祖國波蘭的拉丁文名「Polonia」，將新元素命名為「polonium（釙）」。

瑪麗誕生的家，現仍保留在華沙。已改建為博物館，供世界各地的民眾前來參觀。

基礎知識解說

瑪麗的家人

雙親與兄姊

瑪麗父親是中學的物理（理科）兼數學老師，母親曾擔任過女校校長。瑪麗家有五個小孩，瑪麗是老么，上有三個姊姊和一個哥哥。瑪麗家的小孩都很會讀書，哥哥約瑟夫和老三布朗斯拉娃後來成為醫生。在父母親都是老師的環境下，孩子們在成長過程中，自然而然也變得喜歡讀書。

所有兄弟姊妹中，瑪麗和布朗斯拉娃的感情最好。瑪麗為了讓布朗斯拉娃繼續在巴黎的大學就讀，努力工作並將攢下的薪水寄給布朗斯拉娃。多年後，還將諾貝爾獎獎金捐贈給布朗斯拉娃夫妻的療養所。

而布朗斯拉娃則在瑪麗從女校畢業前，一肩扛下所有家事，也讓來到巴黎就讀大學的瑪麗住在自己家裡。她後來還曾為了瑪麗要在華沙建立研究所一事，四處奔走。兩姊妹一輩子彼此幫助、互相扶持。

與兩個姊姊及父親合影。左起為瑪麗、父親、布朗斯拉娃、海倫娜。

丈夫皮埃爾和女兒們

瑪麗的丈夫皮埃爾是法國人，他十八歲就從巴黎大學畢業，是個優秀的物理學家。

他們兩人一樣身為科學家，專心投入研究的個性與成長的家庭環境都非常相似，因此他們認識後，很快便被彼此吸引。他們結婚時，瑪麗二十七歲，皮埃爾三十六歲。不久後兩人的女兒出生，在父母親都是科學家的環境下成長，兩個女兒也變成相當喜歡讀書的人。

一九〇六年，皮埃爾遭逢馬車車禍過世，年僅四十六歲。

瑪麗克服喪夫之痛，繼續投入研究，同時撫養兩個女兒長大成人；兩個女兒都有非常出色的表現。

大女兒伊雷娜後來跟父母親一樣成為科學家。她和擔任母親研究助手的約里奧結婚，並獲得諾貝爾化

居禮夫妻和大女兒伊雷娜。左起為皮埃爾、伊雷娜、瑪麗。

學獎。

小女兒艾芙潛心學習音樂，成為一名鋼琴家。她也是一位非常活躍的作家，她將母親的一生寫成《居禮夫人傳》。將母親憑藉熱情和努力克服諸多苦難的模樣，告訴全世界的人們。

瑪麗的族譜

父
斯克沃斯基
教師
母
斯克沃斯基夫人
教師
姊
索菲亞（大七歲）
兄
約瑟夫（大四歲）
醫生
姊
布朗斯拉娃（大三歲）
醫生
姊
海倫娜（大兩歲）
瑪麗
科學家
丈夫
皮埃爾
科學家
大女兒
伊雷娜
科學家
小女兒
艾芙
作家．鋼琴家

基礎知識解說

瑪麗的研究

一八九六年法國科學家亨利・貝克勒，發現「鈾」這種物質會發出肉眼看不見的能量（放射線），但是卻不知道真正的原理是什麼。此事引起瑪麗的興趣，她開始進行研究。

她和丈夫皮埃爾在研究過程中，發現除了鈾以外，「釷」這種物質也會釋放出放射線。瑪麗等人將物質會自行釋放放射線的性質命名為「放射能」。

他們繼續調查其他擁有放射能物質，隨後又發現了「釙」和「鐳」。

具放射性的元素

「元素」是宇宙中所有物質的根本。空氣、水、岩石和生物的身體也是由各種不同元素組成的。

到目前為止已確認一一八種元素，其中有像鈾、釷、鈈、鐳等擁有放射能的元素。這類元素就稱為「放射性元素」。

金、銀及鉛等大部分元素的性質都很穩定，即使時間再長也不會改變；然而放射性元素的性質不穩定，在衰變成穩定元素的過程中，釋放出來的物質就是放射線。

放射線的特徵是「可以穿透物質」以及「會破壞生物的細胞」，人們利用這兩項特點進行X光檢查與癌症治療等，在醫療領域上有非常大的幫助。

只不過長時間暴露在放射線下，對生物會造成不良影響，因此現在在醫院等容易接觸到放射物質的地方，都會嚴加管理，避免人們接觸過量的放射線。

研究室內的皮埃爾與瑪麗。

釙

釙是一種放射性元素，鈾礦（含有鈾的岩石）中含有極少量的釙，是在一八九八年由瑪麗和皮埃爾所發現的。

一噸鈾礦中含有的釙，只有不到〇．〇〇五毫克（一百萬分之五公克），數量相當稀少。

釙的放射能極其強烈，相當於鈾的一百億倍，因此人們利用這樣的性質，使用釙作為人工衛星的動力來源。由於大自然之中幾乎找不到釙這種元素，因此人們使用釙時，用的都是人工製造的釙。

鐳

鐳也是蘊含在鈾礦等礦石中的放射性元素，鐳和釙幾乎是在同一時期由瑪麗與皮埃爾發現的。

在擁有強烈放射能的元素中，鐳算是自然界含量最多的一種，因此多被使用在研究元素構造的實驗上，對科學進步有莫大的貢獻。瑪麗和皮埃爾公開從鈾礦中分離出鐳的方法，供所有人自由使用也是原因之一。

以前，鐳曾被使用在醫療上以治療癌症等疾病，也曾混在夜光塗料裡，好讓時鐘上的數字或刻度發光；但由於鐳的放射能實在太過強烈，因此現在已經不再使用鐳了。

於實驗室中認真研究的瑪麗。 ©Flickr@Nationaal Archief

第一次世界大戰爆發後，瑪麗製作了一輛裝有X光裝置的車（通稱「小居禮」）巡迴各地戰場，拯救了許多士兵的生命。

X光

倫琴在一八九五年發現的放射線，又叫倫琴射線。

利用X光拍攝身體內部影像的X光檢查，對醫學發展有很大的貢獻。

基礎知識解說

諾貝爾獎是什麼

諾貝爾獎是根據瑞典化學家阿爾弗雷德・諾貝爾（Alfred Nobel）遺囑，所成立享譽世界的獎項。因為發明炸藥而獲得龐大財富的諾貝爾立下遺囑，表示要使用自己留下的財產成立獎項，把獎頒發給對學問或和平有貢獻的人。

就這樣從一九〇一年起創立的諾貝爾獎，現在有物理學獎、化學獎、生理學或醫學獎、文學獎、和平獎，以及經濟學獎等，六種獎項。

每年都會從各個領域中評選出功績最卓越的人，並頒發獎項。

榮獲諾貝爾獎的日本人

日本也有不少諾貝爾獎得主。

物理學獎：湯川秀樹、朝永振一郎、江崎玲於奈、小柴昌俊、小林誠、益川敏英

（※註：另有二〇一四年得主：赤崎勇、天野浩，二〇一五：梶田隆章）

化學獎：福井謙一、白川英樹、野依良治、田中耕一、下村脩、鈴木章、根岸英一

生理學或醫學獎：利根川進、山中伸彌

（※註：另有二〇一五年得主：大村智）

文學獎：川端康成、大江健三郎

和平獎：佐藤榮作

一九〇三年，瑪麗與丈夫皮埃爾由於「放射線研究」的功績，共同獲得諾貝爾物理學獎。她成為第一個獲頒諾貝爾獎的女性，創下前所未有的壯舉。一九一一年，瑪麗又因為「發現鐳與釙」的功績，一人獨得諾貝爾化學獎。瑪麗是史上第一位兩次獲頒諾貝爾獎的得主。

不單瑪麗本人，她的大女兒伊雷娜及女婿約里奧也在瑪麗過世隔年，即一九三五年，以「人工放射性元素的研究」拿下諾貝爾化學獎。

除此之外，小女兒艾芙的丈夫，所任職的聯合國兒童基金會（Unicef），也在一九六五年獲得了諾貝爾和平獎。瑪麗一家人和諾貝爾獎有著密不可分的緣分。

一九一一年，頒發給瑪麗的諾貝爾化學獎獎狀。

基礎知識 年表

居禮夫人 生活的時代

查詢年表的方法
年齡以當年的足歲表示。

西曆	年齡	居禮夫人的生平	世界和日本發生的大事
1867年		十一月七日出生於波蘭華沙，為家中老么，上面有四名兄姊。	大政奉還。
1876年	9歲	一月，大姊索菲亞（十五歲）因傷寒過世。	野口英世出生。
1878年	11歲	五月，母親斯克沃斯基夫人因肺結核過世。	
1883年	16歲	六月，以第一名成績從華沙克拉科夫女校畢業。	柯霍發現霍亂菌。
1884年	17歲	開始成為家教。	

1885年	18歲	二姊布朗斯拉娃為了成為醫生，前往法國巴黎留學	伊藤博文擔任首任總理大臣。
1886年	19歲	一月，前往什切青村的佐拉夫斯基家擔任家教，並住進其家中；將薪水寄給人在巴黎的二姊。	日本加盟萬國紅十字條約。
1890年	23歲	九月，回到華沙。 二姊布朗斯拉娃和波蘭人卡齊米日．多魯斯基結婚。	
1891年	24歲	進入位於巴黎的巴黎大學理科學部就讀。 就讀大學的期間寄宿於二姊和姊夫家。	倫敦與巴黎之間電話開通。
1892年	25歲	離開二姊布朗斯拉娃的家，開始一個人生活。	
1893年	26歲	以榜首通過物理學學士測驗。	

西曆	年齡	居禮夫人的生平	世界和日本發生的大事
1894年	27歲	認識皮埃爾・居禮。通過數學學識測驗。自巴黎大學畢業，回到波蘭。應皮埃爾之邀回到巴黎。	
1895年	28歲	七月，與皮埃爾・居禮結婚。	倫琴發現X光。
1896年	29歲		貝克勒發現鈾射線。
1897年	30歲	九月，大女兒伊雷娜出生。開始研究鈾放射線。	
1898年	31歲	從一種叫做「瀝青鈾礦」的礦物中發現兩種放射性元素，分別命名為「釙」和「鐳」。布朗斯拉娃和多魯斯基回到波蘭。	

年份	年齡	事蹟	插圖
1900年	33歲	皮埃爾成為補習班教師，瑪麗成為女校物理教師，繼續實驗工作。	
1902年	35歲	在丈夫皮埃爾的協助下，成功分離出純氯化鐳。 五月，瑪麗的父親斯克沃斯基過世。	
1903年	36歲	六月，發表關於放射性物質的論文《放射性物質的相關研究》，獲得理學博士學位。 十二月，居禮夫妻共同獲得諾貝爾物理學獎。	
1904年	37歲	丈夫皮埃爾成為巴黎大學物理學教授，瑪麗擔任皮埃爾實驗室的實驗主任。 十二月，小女兒艾芙出生。	
1906年	39歲	四月，皮埃爾因馬車車禍喪命。 接任皮埃爾的教職，成為第一個巴黎大學講師的女性。	

西曆	年齡	居禮夫人的生平	世界和日本發生的大事
1908年	41歲	成為巴黎大學教授。	
1910年	43歲	在科學家安德烈．德比埃爾內的協助下，成功分離出金屬鐳。 出版《放射能概論》。	德蕾莎修女出生。
1911年	44歲	十二月，二度獲頒諾貝爾化學獎。	
1914年	47歲	七月，於巴黎的皮埃爾．居禮路設立鐳研究所暨居禮館，並擔任所長。 第一次世界大戰爆發，駕駛附設X光機的車輛，巡迴各處戰地醫院。	
1920年	53歲	設立居禮財團。	
1921年	54歲	為了接受美國贈與瑪麗．居禮鐳基金會的1克鐳，和兩個女兒前往美國。	

1922年	55歲	獲選為科學院院成員。	
1923年	56歲	十二月，巴黎舉辦鐳發現二十五週年慶祝會。	
1926年	59歲	大女兒伊雷娜與科學家弗雷德里克．約里奧結婚。	
1932年	65歲	於波蘭華沙成立鐳研究室。	
1934年	67歲	伊雷娜與弗雷德里克發現人工放射能。 七月四日，在桑塞羅謀療養院因白血病逝世。	
1935年		伊雷娜與弗雷德里克榮獲諾貝爾化學獎。	
1995年		三月，居禮夫妻的遺骨移入保管法國偉大科學家遺體的先賢祠（Panthéon）。	發生阪神大地震。

參考文獻

《居禮夫人傳》
艾芙・居禮著、河野万里子譯、白水社
《瑪麗・居禮的挑戰　科學・性別・戰爭》
川島慶子著、Transview
《瑪麗・居禮的想法》
高木仁三郎著、岩波書店
《瑪麗・居禮》
Francoise Giroud、山口昌子譯、新潮社
《居禮夫人》
愛諾莉・多麗、桶谷繁雄譯、講談社
《居禮夫人的生平》
崎川範行著、東京圖書
《瑪麗・居禮》
B Goldsmith、竹內喜譯、WAVE出版社
《居禮夫人　為了科學真理而活的女性》
松岡洋子著、旺文社
《瑪麗・居禮　開啟未來科學大門的女性》
Richard Tames著、內藤ゆかり譯、國土社
《傳記　改變世界的人們①居禮夫人》
Beverley Birch著、乾侑美子譯、偕成社
《瑪麗・居禮　發現全新的自然力量》
Naomi Pasachoff 著、Owen Gingerich編輯代表、西田美緒子譯、大月書店
《新裝世界傳記II　居禮夫人》
山主敏子著、GYOSEI出版
《居禮夫人》
伊東信著、POPLAR口袋文庫、POPLAR社

照片提供／AFP＝時事　ROGER_VIOLLET通信社　PANA

野人文化
讀者回函卡

書　名

姓　名　　　　□女　□男　　年齡

地　址

電　話　　　　手機

Email

□同意　□不同意　　收到野人文化新書電子報

學　歷　□國中(含以下)□高中職　□大專　□研究所以上
職　業　□生產/製造　□金融/商業　□傳播/廣告　□軍警/公務員
□教育/文化　□旅遊/運輸　□醫療/保健　□仲介/服務
□學生　□自由/家管　□其他

◆你從何處知道此書？
□書店：名稱 ______________　□網路：名稱 ______________
□量販店：名稱 ______________　□其他 ______________

◆你以何種方式購買本書？
□誠品書店　□誠品網路書店　□金石堂書店　□金石堂網路書店
□博客來網路書店　□其他 ______________

◆你的閱讀習慣：
□親子教養　□文學　□翻譯小說　□日文小說　□華文小說　□藝術設計
□人文社科　□自然科學　□商業理財　□宗教哲學　□心理勵志
□休閒生活（旅遊、瘦身、美容、園藝等）　□手工藝／DIY　□飲食／食譜
□健康養生　□兩性　□圖文書／漫畫　□其他 ________

◆你對本書的評價：（請填代號，1. 非常滿意　2. 滿意　3. 尚可　4. 待改進）
書名 _____ 封面設計 _____ 版面編排 _____ 印刷 _____ 內容 _____
整體評價 _____

◆你對本書的建議：

野人文化部落格 http://yeren.pixnet.net/blog
野人文化粉絲專頁 http://www.facebook.com/yerenpublish

廣　告　回　函
板橋郵政管理局登記證
板 橋 廣 字 第 143 號

郵資已付　免貼郵票

23141
新北市新店區民權路108-2號9樓
野人文化股份有限公司 收

請沿線撕下對折寄回

野人

書號：0NNC4004

小野人04

漫畫版 世界偉人傳記 ④

居禮夫人（二版）

漫　畫　小林可多入
監　修　杤山修
譯　者　黃瀞瑤

野人文化股份有限公司
社長　張瑩瑩
總編輯　蔡麗真
副主編　王智群
責任編輯　陳瑞瑤
行銷企劃　林麗紅
版面設計　洪素貞
封面設計　果實文化

讀書共和國出版集團
社長　郭重興
發行人兼出版總監　曾大福
業務平臺總經理　李雪麗
業務平臺副總經理　李復民
網路暨海外通路協理　張鑫峰
特販通路協理　陳綺瑩
印務　黃禮賢、李孟儒

出　版　野人文化股份有限公司
發　行　遠足文化事業股份有限公司
地址：231 新北市新店區民權路 108-2 號 9 樓
電話：（02）2218–1417 傳真：（02）8667–1065
電子信箱：service@bookrep.com.tw
網址：www.bookrep.com.tw
郵撥帳號：19504465 遠足文化事業股份有限公司
客服專線：0800–221–029
法律顧問　華洋法律事務所　蘇文生律師
印　製　成陽印刷股份有限公司
初　版　2016 年 7 月
二　版　2021 年 7 月

國家圖書館出版品預行編目 (CIP) 資料

漫畫版世界偉人傳記 . 4, 毅力 ! 居禮夫人 (第一位女性諾貝爾獎得主、物理化學雙得主)/ 小林可多入漫畫 ; 黃瀞瑤譯 . -- 二版 . -- 新北市 : 野人文化股份有限公司 , 2021.07
面； 公分 -- (小野人 ; 4)

譯自 : キュリー夫人 (コミック版世界の伝記)

1. 居禮 (Curie, Marie, 1867-1934) 2. 傳記 3. 漫畫

784.28　　110007590

野人文化官方網頁

野人文化讀者回函
線上讀者回函專用 QR CODE，你的寶貴意見，將是我們進步的最大動力。

ISBN 978-986-384-530-0（精裝）

忍耐力

我們
必須堅信，

科學的天賦
既珍貴又脆弱，
因此浪費科學天賦
顯得愚蠢
又難以原諒。

我對
命運悲慘的
祖國無能爲力。
因此我下定決心，
至少要爲
第二個祖國法國

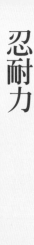